Temple Bell Chime

To _____

I wish for peace and happiness in your life.
행복과 평화가 항상 함께 하시기를 기원하면서

From _____

'Temple Bell Chime' is the title of a book of poems written by Koreans, usually with a Buddhist theme.

Temple Bell Chime

1쇄 발행 | 2012년 4월 15일

글 | 풍경소리
펴낸이 | 이용성
편집주간 | 김원각
역자 | 용수 스님
감수 · 교정 · 교열 | 진우기
단청 그림 | 조순일
디자인 | 김효중
펴낸곳 | 풍경소리
등록일 | 2006년 8월 30일
등록번호 | 제307-2006-41호
주소 | 서울시 종로구 운니동 98-78번지(율곡로 84) 가든타워 801호
전화 | 02-736-5583
팩스 | 02-928-5586
홈페이지 | www.pgsori.net

ⓒ풍경소리, 2012
• 저자의 허락 없이 내용의 일부를 인용하거나 발췌하는 것을 금합니다.
• 잘못된 책은 본사나 구입하신 서점에서 바꾸어 드립니다.
• 가격은 뒤표지에 있습니다.

ISBN 978-89-959817-3-3 03200

Temple Bell Chime

풍경소리
PoongGyeongSori

PoongGyeongsori, a non-profit organization affiliated with
the Association of Korean Buddhist Orders, is a group of
people who have gathered to collect the dharma infused into
our everyday lives and express them into touching verses.
We convey love and wisdom to people through poems and
sayings posted throughout the Korean subway system,
 a symbol of complicated city life.
We have compiled this book with a wish that we all may walk
together. It is better for ten people to take one step than for
one person to take ten.

'풍경소리(한국불교종단협의회 부설 비영리단체)' 는 우리 삶에 녹아 있는 지혜를
감동적인 글로 엮어 내는 사람들의 모임입니다. 복잡한 도심의 상징인
지하철을 통해 사람들에게 삶의 지혜를 전하고 있습니다.
한 사람의 열 걸음보다 열 사람의 한 걸음으로 나아가는 세상이 되길 바라는
마음으로 이 책을 엮었습니다.

www.pgsori.net

발간사

풍경소리는 인위적이거나 강요하지 않습니다.
문화포교단체인 풍경소리는 부처님 진리의 말씀을 자연스럽게 전하기 위해
만들어졌습니다.
풍경소리는 부처님 말씀을 바탕으로 한국불교문화의 현대화와 대중화를
실천의 목표로 활동하고 있습니다.
금번 발간되는 영문 풍경소리는 한국불교의 정맥을 알고자 하는 영어권 사람들의
요구에 조금이라도 부응하고자 기획되었습니다.
저희들의 이 작은 노력이 밑거름이 되어 부처님 팔만 사천 법문이
세계인 가슴가슴에 아로새겨져 이 푸른 별 지구촌이 평화와 행복이 넘치는
불국정토로 되어지는 날을 가슴 벅차게 서원해 봅니다.
이번 영문 풍경소리의 발간을 위하여 수고해 주신 용수 스님과 진우기 선생님의
수고에 깊은 감사의 말씀을 드리고 교정과 교열에 수고해 주신 여러분의 노고에도
또한 감사의 말씀을 덧붙여 드립니다.
앞으로도 저희 풍경소리는 부처님 진리의 전법을 통하여 평화와 평등,
행복과 즐거움이 넘치는 세상을 만들기 위한 노력을 멈추지 않을 것을
약속드립니다.

불기 2556년 4월
풍경소리 대표이사 선묵 혜자

Publishing Remarks

Temple Bell Chime is neither artificial nor forceful. PoongGyeongSori is a Buddhist cultural organization which was established to spread the words of the Buddha in a natural and appropriate manner.

PoongGyeongSori is dedicated to modernizing Korean Buddhist culture and making it more accessible to the masses based on the Buddha's teachings.

This English edition of *Temple Bell Chime* is intended to meet the needs of English-speaking people who have a thirst for genuine Korean Buddhism.

I pray from the depth of my heart that this small effort of ours becomes a seed for the eighty-four thousand teachings of the Buddha to reach the hearts of all people and to help our Earth become a Pure Land overflowing with peace and happiness.

I'd also like to extend my special thanks to Ven. Yongsu and Ms. Jhin Wookee who have spared no effort to make possible the publication of this English edition. I'd like to also express my appreciation to all those on my editing staff.

PoongGyeongSori will continue its efforts to bring about a world abundant in peace, equality, happiness and joy through spreading the truth taught by the Buddha.

April, 2556 Buddhist Era
Ven. Seonmuk Hyeja
Executive Director of PoongGyeongSori

역자 서문

〈풍경소리〉는 불교를 주제로 한 짧은 시편을 모은 것이다. 유구하고 풍요한 역사를 지닌 한국 불교는 사람들의 마음에 늘 깊은 영향을 끼쳐왔고 그런 흔적은 한국의 스님들이나 다양한 배경을 가진 일반인들이 지은 여기 시편들에서도 찾아볼 수 있다.

이 시들에는 내면의 지혜가 녹아 있다. 번쩍 하는 깨달음의 섬광이 표현되어 있다. 존재에 대한 통찰을 담고 있는 이 시들은 덕의 중요성과 부덕이 가져오는 결과를 상기시켜준다. 한국의 산사가 심신이 피곤한 현대인들에게 휴식을 가져다주듯 여기 실린 시들은 분주하고 지친 마음에 위안을 줄 것이다. 그를 통해 밖으로만 향하던 마음을 잠시 거두어 내면을 들여다볼 수 있을 것이다.

진리와 지혜는 보편적이고 어디에나 있다. 이 책은 불자, 비불자 모두에게 귀한 읽을거리가 될 것이다. 불교에서 말하는 '공성'의 개념은 존재의 실상에 깊은 철학적 통찰을 제공한다. 공성의 지혜가 자애와 자비라는 방편과 합쳐질 때 불교의 본질이 완성되고 우리 가슴에 직접 다가올 수 있다. 이 시 모음이 한국인들에게 많은 사랑을 받는 것은 바로 그런 이유 때문이다. 이제 지금까지 출판된 3권의 책에서 엄선한 시편들을 번역하여 영어권 사람들에게 내어놓게 되었다.

자, 숨을 깊이 들이마시고 이 시들을 읽으며 마음을 쉬어 보자. 이 시들이 독자의 마음에는 평화를 몸에는 편안을 가져다주기 바란다.

2012년 4월
용수 스님

Translator's Introduction

Temple Bell Chime is a collection of short poems written by Koreans, usually with a Buddhist theme. Buddhism in Korea, with its long and rich history, has had a strong influence on the mindset of the people. This influence is conveyed in these poems written by Buddhist monks and Korean people of all backgrounds.

These poems are expressions of inner wisdom. They are small sparks of enlightenment. They offer insights into the nature of existence and remind us of the importance of virtue and the consequences of non-virtue. Just as Korean mountain temples offer a rest for the weary modern person, these poems offer a rest for our busy weary minds. We can take a break from our continual looking outward to look within.

Truth and wisdom are universal. This book is sure to be treasured reading for Buddhists and non-Buddhists alike. The concept of emptiness in Buddhism offers the deepest philosophical insight into the nature of reality. The wisdom of emptiness combined with the skillful means of love and compassion form the essence of Buddhism. These elements speak directly to our hearts. That is what makes this collection of poems so beloved by many Koreans. Now, some of these poems, culled from three volumes, have been translated for English speakers.

So, take a deep breath and relax with these poems. May they bring you peace of mind and comfort of body.

Ven. Yongsu
April, 2012

Translator
Ven. Yongsoo

Ven. Yongsoo was born in Korea and immigrated
to the United States at the age of nine. He attended a public
talk by the Dalai Lama in 2001 and soon after became a monk.
In 2007, he finished
the traditional Tibetan Buddhist three-year retreat in Dordogne,
France. Since then, he has been translating Buddhist books
and teaching meditation in Korea.

역자
용수 스님

용수 스님은 한국에서 태어나 9살 때 미국으로 이민을 갔다.
2001년 달라이 라마의 대중강연을 듣고 출가를 결심해 스님이 되었다.
2007년 남 프랑스에서 티벳 불교 3년 전통 무문관 수행을 마쳤고,
그 후 한국에서 불교서적 번역과 명상 지도를 하고 있다.

Dancheong Illustrator
Cho Soon-Il

Cho Soon-Il majored Buddhist arts in Dongbang Buddhist
College. She won Korea mordern art contest, the Tong-il art
contest and A Product competition of Buddhism culture.
Now, She is a Bul-mo to paint altar portraits of Buddha
and Dancheong.

단청 그림
조순일

조순일 님은 동방불교대학에서 불교미술과 인연을 맺고
현대미술대전, 통일미술대전, 불교문화상품공모전 등에서 수상하였으며,
현재는 불모(佛母)로써 탱화와 단청 등을 그리고 있다.

Contents

Publishing Remarks 7

Translator's Introduction 9

The Solution 해법 15
Witness 증거 17
The General and the Teacup 장군과 찻잔 19
The Two Kinds of Me 두 가지의 나 21
Now 지금 23
One within Another 서로가 서로를 25
Patience 인내 27
Water or Tonic 물과 보약 29
Looking for the Perfect Mate 완벽한 짝 찾기 31
Mind 마음 33
The Weather of Life 인생의 일기 35
Happiness and Suffering 행복과 불행 37
Due to Prejudice 편견 때문에 39
Tail and Head 꼬리와 머리 41
Put it Down 내려놓게 43
Changing the mind 한 생각 바꿨더니 45
Pebbles that Pee 오줌 누는 자갈 47
How to Feed a Dog Milk 개에게 우유를 먹이는 방법 49
Dream 꿈 51

Taste of Tea 차맛 53

Warm Hand 따뜻한 손 55

Water to "Moisten" the Heart 가슴을 적시는 샘물 57

A Beautiful Relationship 아름다운 관계 59

Gentle Person 부드러운 사람 61

As We Would Live a Day 하루를 살 듯이 63

For What Reason 뭣하러 65

Doing 실천 67

Emptiness 공 69

What More than This 이밖에 더 무엇을 71

Same but not the Same 같지만 같지 않다 73

Life 세상살이 75

Just as All the Plants in the World Are Medicinal
세상의 모든 풀들이 약초이듯이 77

This Too Shall Pass 그것 또한 지나갈 것이다 79

Who Am I? 나는 누구인가 81

If We Could Remember that Everything Changes
모든 것이 변한다는 것을 기억한다면 813

Discrimination 분별 85

Begin with Self 자신부터 87

An Illusion 허망한 것 89

Now Is the Time 지금이 그때라네 91

Giving Fragrance to the Axe That Strikes
자기를 찍는 도끼에 향기를 내뿜다 93

No Better Luck than This 이보다 더 좋은 행운이 95

Because We Want to Possess 가지고 싶다 해서 97

Where the Flowers Bloom 꽃자리 99

If We Could Only See with the Eyes of the Heart
마음의 눈으로 바라보기만 한다면 101

Finite and Infinite 유한, 무한 103

The Reason 무엇이 된다는 것 105

Is there a Paradise? 극락이 있습니까 107

Dangerous 위험합니다 109

A Small Pine Seed Becomes a Great Firry Pine
작은 솔씨가 푸른 소나무 되네 111

Zen Master and the Sly Talker 선사와 말재간꾼 113

A Falling Leaf 낙엽 115

Your Apricot Oil 당신의 살구기름 117

Mindfulness 깨어있음 119

Advice to the Son 아들에 대한 충고 121

Become a Good Friend 나 스스로 좋은 벗이 되어야 123

A Bean, a Handful of Beans 한 알의 콩, 한 줌의 콩 125

A Beautiful Face 아름다운 얼굴 127

As If Changing Channels 채널을 바꾸듯이 129

Far-Reaching Fragrance 멀리 가는 향기 131

The Foolish Traveler 어리석은 나그네 133

That Which Lacks Is Noisy 모자라는 것은 소리를 내지만 135

Teaching 가르침 137

As We Would Put Out a Fire in Our Hair 머리에 붙은 불을 끄듯 139

Every Day Is a Good Day 날마다 좋은 날 141

The Person Who Knows How to Be Content 만족할 줄 아는 사람 143

해법

아들이 어렸을 적에 바닷가에 데리고 나간 적이 있습니다.
"아빠, 바다의 끝은 어디예요?"
"저기 끝에 보이는 수평선보다도 더 먼 곳에 있단다."
집에 돌아올 때쯤 되어서야
나는 우리가 서있던 해변이
바로 '바다의 끝' 이었음을 깨달았습니다.

어려운 문제를 만나 고뇌하고 있다면
자신의 발밑을 한번 눈여겨 보십시오.
해법은 의외로 가까운 곳에,
바로 자기에게서 발견하게 될지도 모르니까요.

이영필 | 수필가

The Solution

Once I took my little boy down to the sea.
"Daddy, where is the end of the sea?" he asked.
"It is far beyond that horizon." I replied.
Just before returning home, I realized
the end of the sea was the seashore we had stood upon.

If you are agonizing over a difficult problem,
look beneath your feet.
The solution may be surprisingly close.
Perhaps within your very self.

Lee Yong-pil
Essayist

증거

여러 친구가 방에 모여 잡담을 하고 있었습니다.
오늘따라 A라는 친구가 빠졌습니다.
어떤 친구가 A에 대한 말을 꺼냈습니다.
"그 친구 다 좋은데 걸핏하면 화를 잘 내고 경솔한 게 흠이야."
A에 대한 단점은 여러 친구도 인정했습니다.
이때 마침 A라는 친구가 들어오다 그 말을 듣고는
자신의 단점을 말한 친구의 멱살을 잡아 흔들며 말했습니다.
"내가 언제 화를 잘 내며 경솔한 행동을 했단 말이냐?"
다른 친구가 말리며 말했습니다.
"지금 자네가 하고 있는 행동이 바로
화를 잘 내고 경솔하다는 증거가 아닌가?"

김원각 | 시인

Witness

Several friends were chatting in a room.
Bob was not among them.
One person said of Bob,
"Bob is alright except that he easily becomes angry and rash."
Many friends acknowledged these shortcomings of Bob's.
At that moment, Bob walked in and overheard the conversation.
He grabbed the friend who had spoken of his shortcomings and shook him.
"When did I easily become angry and act rashly?"
Another friend intervened.
"Isn't your action now a witness to easily becoming angry and rash?"

Kim Won-gak
Poet

장군과 찻잔

용맹스럽기로 이름난 한 장군이 평소 애지중지하던
골동품 찻잔을 꺼내어 감상하고 있었습니다.
이리저리 만지다가 갑자기 찻잔이 손에서 미끄러졌습니다.
"아이쿠!"
얼른 찻잔을 움켜잡은 장군의 등에서는 식은땀이 흘렀습니다.
'천만대군을 이끌고 죽음이 난무하는 전쟁터를
들락거리면서도 한 번도 떨린 적이 없었는데,
어이하여 이까짓 찻잔 하나에 이토록 놀란단 말인가?'
장군은 미련 없이 찻잔을 깨어 버렸습니다.
보이는 것에 대한 사랑과 미움, 혹은 집착이 무엇입니까?
마음의 평화와 삶의 지혜를 어지럽히는 보이지 않는 장애가 아닐까요.

이우상 | 소설가

The General and the Teacup

There was a general renowned for his bravery.
One day he was admiring an antique teacup he cherished dearly. As he was handling it, the cup suddenly slipped out of his hands.
"Oh dear!"
The general managed to catch the cup just before it hit the ground.
Cold sweat dampening his back, he thought,
"I've led countless soldiers back and forth to battlefields reeking of death, yet I have never been shaken this much.
How is it that I'm so anxious about a trifling teacup?"
Without a second thought, the general shattered the teacup.
What is this love and hate for or even attachment to the visible form? Are they not invisible obstructions to peace of mind and life's wisdom?

Lee Woo-sang
Novelist

두 가지의 나

하나는 나 속에 갇혀 있고
하나는 세계 속에 나와 있다.

하나는 나만을 움직이고
하나는 우주를 움직인다.

하나는 물질 속에 갇혀 있고
하나는 허공 속에 함께 있다.

하나는 시간에 묶여 있고
하나는 영원에 통해 있다.

김시현 | 수필가

The Two Kinds of Me

One is confined within myself.
The other roams the world.

One moves only myself.
The other moves the universe.

One is stuck inside this cramped body.
The other is one with the vastness of space.

One is bound by time.
The other penetrates eternity.

One seems to exist but does not.
The other does not seem to exist but does.

Kim Shi-heon
Essayist

지금

밤 늦은 시간
막차를 기다리는 두 사람을 보았습니다.
무엇 때문인지 그들은 무척이나 괴로워보였습니다.
"그때 일만 생각하면 밤에 잠이 안 와"
"난 앞날만 생각하면 아득해. 도무지 희망이 없어"
탄식하던 그들은 버스가 도착했지만
타지 않았습니다.

근처 포장마차로 들어가는
그들의 어깨가 무거워 보였습니다.

되돌릴 수 없는 과거의 일로, 오지 않은 미래의 일로
당신의 '지금'을 놓치고 있지는 않으십니까?

오세경 | 극작가

Now

Very late one evening,
I saw two people waiting for the last bus.
They seemed to be very distressed and I overheard this:
"When I think about what happened then,
I can't sleep at night."
"In my case, it's the future that worries me.
I feel completely hopeless."
They uttered sighs of grief.
The bus came, but they didn't get on.

Instead, they walked to the nearest bar
shoulders drooping heavily.

For a past that cannot be changed or
a future that will never come,
aren't you losing the 'now' of the moment?

Oh Se-gyeong
Broadcast Writer

서로가 서로를

고구마는 가을에 거두어들이면 열매이지만
봄이 되어 밭으로 나가면 씨앗이 됩니다.
열매이면서 동시에 씨앗인 것입니다.
씨앗 속에 열매가 포함되어 있고
열매 속에 씨앗이 들어있습니다.
일체 모든 것은 서로가 서로를 포함하고 있는 것이지
각각 분리되어 존재하는 것이 아닙니다.

원철스님

One within Another

When sweet potatoes are gathered in fall, they are fruit.
When they are planted in the spring, they are seed.
They are both fruit and seed at the same time.
In the seed, the fruit exists.
In the fruit, the seed exists.
Everything in the world exists within one another.
Nothing exists on its own.

Ven. Woncheol

인내

어리석은 사람이
화를 내며 욕을 퍼부을 때
나는 침묵과 인내로 그를 다스린다.

내 말을 잘 들어라.
대개 보면 자기의 주장이나 행동이
옳음에도 불구하고
강한 사람 앞에서 참는 것은
그가 두렵기 때문이요,
동등한 힘을 가진 사람 앞에서 참는 것은
싸우기 싫어서이다.

그러므로 자기보다 약한 사람에게
기꺼이 참는 것이 가장 훌륭한 인내이니라.

〈잡아함경〉 중에서

Patience

When a childish person becomes angry
and hurls insults at me,
I overcome them with silence and patience.
Please listen well to my words.
When we are patient with the strong
even when our actions and opinions are right,
it is because we are afraid of them.
When we are patient with our peers,
it is because we don't want confrontation.
Thus, being willingly patient with the weak
is the supreme patience.

From the *Connected Discourses*

물과 보약

지금 심한 갈증을 느끼고 있는 당신 앞에
물과 보약이 있다면 당신은 무엇을 마시겠습니까?
물론 사람들은 보약이 몸에 좋다고 말합니다.
당신도 보약이 몸에 좋은 줄은 알고 있습니다.
하지만 갈증을 느끼는 당신에게 지금 필요한 것은
오직 물입니다.

흔들리는 삶의 길에서 자기의 의지대로 행하기보다
주변의 조건 때문에 원하지 않는 길을 가는 경우가 종종 있습니다.
자기가 자기의 주인이 되어 자기 의지대로 행하지 못한다면
좀처럼 삶의 갈증은 해소될 수 없습니다.

장용철 | 시인

Water or Tonic

If you are parched with thirst,
and there is both water and tonic in front of you.
Which will you drink?
Of course, people say that tonic is good for the body.
You also know that tonic is good for the body.
However, since you are thirsty,
what you need now is the water.

In our unstable lives, rather than following our will,
we occasionally follow a path we don't want
because of existing circumstances.
If we cannot master ourselves and follow our own will,
then, like the example above,
we may not be able to quench life's thirst.

Jang Yong-cheol
Poet

완벽한 짝 찾기

두 친구가 있었습니다.
한 친구는 완벽한 여인을 찾고
다른 친구는 수수한 여인을 그렸습니다.
수수한 여인을 만난 친구는 결혼을 했고
완벽한 여인을 찾던 친구는
총각으로 늙었습니다.

먼 훗날 장터에서 만나
결혼한 친구가 총각 친구에게 물었습니다.
"아직도 못 찾았나?"
"응! 딱 한 번 찾긴 찾았지."
"그런데, 왜 아직?"
"응! 그녀도 완벽한 남자를 찾고 있더라구."

법현스님

Looking for the Perfect Mate

There once were two friends.
One man was looking for the perfect woman.
The other was looking for an average woman.
He met an average woman and married her.
The man looking for the perfect woman grew old,
remaining single.

After many years
the friends ran into each other in the market.
The married friend asked the single friend,
"You still haven't found anyone?"
"I did find someone once."
"Then, why didn't you marry?"
"She was looking for the perfect man."

Ven. Beophyeon

마음

나룻배를 탄 나그네가 물 속에 그만 칼을 떨어뜨렸습니다.
나그네는 뱃전에 홈을 팠습니다.
'이렇게 표시를 해주었다가 나중에 칼을 찾아야지!'
그러나 배는 물살을 따라 그 자리를 떠난 뒤였습니다.

잃어버린 칼이나 우리의 마음을
이렇게 찾고 있는 것은 아닌지 돌아보게 됩니다.

맹난자 | 수필가

Mind

A wayfarer on a ferry dropped his knife into the water.
He inscribed a mark on the side of the boat.
"I'll make this mark, so I can find the knife later."
Yet the boat had already left that place,
following the current.

I wonder if this is not how we search for our mind,
in the same way as the wayfarer plans to find his lost
knife.

Maeng Nan-ja
Essayist

인생의 일기

삼일은 춥고 사일은 따스한 삼한사온의 겨울 날씨처럼
우리들 인생도 그와 같이 행복과 불행한 날들이 번갈아 듭니다.
두 가닥 새끼줄이 같은 굵기로 꼬여야 튼실한 것처럼
인생살이도 고통과 기쁨이 엮여서 더욱 건강하고 알차게 됩니다.
흐린 구비를 돌 때, 맑고 개인 구비를 생각하며
땅에서 넘어진 사람들 땅을 짚고 일어서야 합니다.

장용철 | 시인

The Weather of Life

There is an Asian trend to winter weather.
Three days of cold, four days of warm.
Like this, in our lives,
happy and unhappy days come in turn.
Just as we weave together two strips of straw
to make a strong rope,
we must intertwine joy and sorrow for our lives
to become healthy and fulfilling.
On dark, cloudy days,
we must remember the happy, sunny days.
Those who have fallen to the ground
must use the ground to push themselves up.

Jang Yong-cheol
Poet

행복과 불행

장밋빛 꿈을 안고 한 청년이
'행복'이라는 여자와 결혼했습니다.
그런데 첫날밤 신혼부부의 방에
어느 낯선 여인이 앉아 있었습니다.
깜짝 놀란 남자가 소리쳤습니다.
"당신은 뉘신데 남의 방에 들어왔소?"

"저는 '불행'이라는 여자입니다.
'행복'이라는 여자와는 한 몸이라서
일생을 그림자처럼 따라다닙니다."

남자가 소리쳤습니다.
"잔소리 말고 빨리 나가시오."

그러자 그 여자가 조용히 말했습니다.
"제가 이 방을 나간다면
'행복'이라는 여자도 함께 나가야만 합니다."

김원각 | 시인

Happiness and Suffering

A young man with high hopes
married a woman named 'Happiness.'
On the first night of their honeymoon,
he found a strange woman sitting in the room.
The startled man shouted,
"Who are you? You are in the wrong room."

"I'm a woman named 'Suffering.'
I share the body of the woman named 'Happiness.'
So I follow her like a shadow throughout her life."

The groom yelled, "Stop this nonsense and leave now."

To this, the woman said softly,
"If I leave this room, 'Happiness' must leave with me."

Kim Won-gak
Poet

편견 때문에

사람들은 흔히 깨끗하고 더러움에 차별을 둔다.
그러나 사물의 본성은 깨끗한 것도 더러운 것도 아니다.
우리 마음이 집착하기 때문에 깨끗한 것을 가까이 하고
더러운 것을 멀리하는 것이다.
이것은 방편이요, 편견일 뿐이다.
집착하는 마음을 떠나서 보면 모든 존재는 깨끗하다.

대품반야경 중에서

Due to Prejudice

People generally distinguish cleanliness from filth.
However, the inherent nature of all things
is neither clean nor dirty.
Because of our attachments,
we embrace clean things and avoid the dirty.
This is merely a means and a prejudice.
Seen with a detached mind,
all things are clean.

From the *25,000 Lines Prajnaparamita Sutra*

꼬리와 머리

화가 난 뱀의 꼬리가 머리에게 따졌습니다.
"나는 왜 항상 앞서가는 너를 따라가야만 하니?
이번엔 내가 먼저 갈 테다."
앞에 놓여 있는 불을 보고 머리가 한사코 말렸지만
성급한 꼬리는 벌써 돌진한 뒤였습니다.

맹난자 | 수필가

Tail and Head

The angry tail of a snake asked the head,
"Why do I always have to follow you?
This time, I will lead."
Seeing a fire ahead,
the head tried frantically to stop the tail.
Alas, the brash tail had already gone ahead.

Maeng Nan-ja
Essayist

내려놓게

조주스님으로부터 배움을 구하고자 한 제자가 왔습니다.
제자는 선물을 가져오지 않은 것이 미안해서
변명조로 조주스님에게 이렇게 말했습니다.
"이렇게 빈손으로 왔습니다."
"그렇다면 무거운데 거기 내려놓게."
"아무것도 갖고 오지 않았는데 무얼 내려놓으라는 것입니까?"
"그럼 계속해서 들고 있게나."

그대의 마음에서 내려놓아야 할 것은 무엇입니까?

문윤정 | 수필가

Put it Down

A student came to receive teachings
from Zen Master Zhaozhou .
Feeling bad for not bringing any offering,
he said to the master,
"I came empty handed."
Zhaozhou said,
"Well, that must be heavy. Put it down over there."
"I didn't bring anything. What should I put down?"
"Then keep holding on to it."

What is it that you need to let go of in your mind?

Mun Yun-jeong
Essayist

한 생각 바꿨더니

소나무가 진달래에게 말했습니다.
"가지만 앙상한 가을날의 네 모습, 딱도 해라."
진달래가 코방귀를 뀌며 말했습니다.
"눈에도 안띄는 봄날의 네 꽃은 어떻고?"
소나무는 기분이 나빴습니다
이런저런 생각에 밤에는 잠도 자지 못했습니다.

이튿날입니다. 소나무가 진달래에게 말했습니다
"네가 봄에 피우는 그 연분홍 꽃은
정말이지 그렇게 아름다울 수가 없어."
진달래가 환히 웃으며 말했습니다.
"아름답긴 뭘, 눈서리에도 지지않는
너의 그 푸른 잎새야말로 그렇게 미더울 수가 없지."

소나무는 기분이 좋았습니다.
어제는 왜 그렇게 기분이 나빴는지
오늘은 왜 이렇게 기분이 좋은지
소나무는 잘 알게 되었습니다.

정진권 | 수필가

Changing the mind

A pine tree said to an azalea tree,
"Your bare autumn limbs are pathetic!"
The azalea replied with contempt,
"Your unnoticeable flowers in the spring are more pathetic."
The pine felt bad.
He couldn't sleep that night, thinking of this and that.

The next day the pine said to the azalea,
"Your soft pink flowers in the spring are truly beautiful."
The azalea responded joyfully,
"They're not that beautiful. What could be more resilient than your evergreen branches that withstand the snow?"

The pine felt wonderful
and now understood
why he felt so bad yesterday but so good today.

Jeong Jin-gwon
Writer

오줌 누는 자갈

농사에 경험이 없는 젊은이가
흙 속에 박힌 자갈을 전부 주워낼 요량으로
하루 종일 땀을 흘리고 있었습니다.
이를 말없이 지켜보던 동에 노인이 한 마디를 던졌습니다.
"젊은이, 자갈이 오줌을 누는 법이라네.
자갈은 흙 속에 물기를 머금고 있다가 흙이 뜨거워지면
물을 내뿜어 수분을 조절해 주고,
땅에 숨구멍을 내주어
결과적으로 농사에 이로움을 준다네."

우리 삶에도 이런 자갈이 수없이 박혀있겠지요.
그런데 자갈 탓을 하느라 정작 씨앗 뿌릴 시기를
놓치고 있지는 않은지요.

이명선 | 수필가

Pebbles that Pee

An inexperienced young farmer
sweated all day intent on
removing all the pebbles in his field.
Watching this, an old villager said,
"Young man! Pebbles actually pee.
In the soil, the pebbles retain moisture.
When the ground becomes hot,
the pebbles release water and add moisture.
Pebbles aerate the ground and ultimately,
they are very good for farming."

There must be countless such pebbles in our own lives.
However, aren't we so busy blaming the pebbles
that we lose the opportunity to plant the seeds?

Lee Myong-seon
Writer

개에게 우유를 먹이는 방법

어떤 사람이 개에게 우유가 좋다는 말을 듣고
붙잡고 앉아 우유를 먹였습니다.
억지로 우유를 먹일 때마다
개는 싫다고 몸부림을 쳤습니다.
어느 날 개가 실수로 우유통을 넘어뜨려
바닥에 엎지르고 말았습니다.
그런데 놀랍게도 개가 다시 다가와
핥아먹는 것이었습니다.
그 사람은 그제야 개가 우유를 싫어했던 것이 아니라
자신의 방법이 틀렸다는 것을 깨달았습니다.

자신의 판단만으로 일방적으로 베푸는 것은 애정이 아닙니다.
내가 원하는 방식이 아닌
상대가 원하는 방식으로 베풀어 주는 것이
진정한 사랑입니다.

장용철 | 시인

How to Feed a Dog Milk

Hearing that milk was good for dogs,
a man grabbed his dog to feed it milk.
Whenever he tried to feed the dog,
it would struggle and squirm.
One day, the dog accidently knocked over the milk
carton, spilling the milk all over the floor.
Surprisingly, the dog came back
to lap it up.
Then, the man realized that the dog did not hate milk
at all.
Only his method of feeding it was not good.

It is not love to give
according to what one judges to be correct.
To give according to the way that others need
and not the way that I want:
That is true love.

Jang Yong-cheol
Poet

꿈

새가 되고 싶다.
물이 되고 싶다.
바람이 되고 싶다.

그 어느 것도 걸림이 없이
푸른 하늘을 훨훨 날아다닐 수 있는 새라면.

바위를 만나면 바위를 끼고 돌아가고
산을 만나면 두 팔 가득 보듬어 안고 함께 가며
가시철망 콘크리트를 만나면 배밀이로 기어가다가
흙을 만나면 땅 속 깊이 스며들어
마침내는 이윽고 콸콸 차르르 흘러 갈 수 있는 물이라면.

늘 머물러 있으면서 늘 떠나고
늘 떠나면서도 늘 또한 머물러 있을 수 있는 바람이라면.

김성동 | 소설가

Dream

I want to be a bird.
I want to be water.
I want to be wind.

If I were a bird which could fly the vast sky
free from any obstacles.

If I were water which could flow freely.
Upon meeting a boulder, I would go around it.
Upon meeting a mountain,
I would fully embrace it and flow along.
Upon meeting concrete, I would crawl along.
Upon meeting earth, I would soak deep within it.

If I were wind which could be
always here while always leaving
or always leaving while always here

Kim Seong-dong
Novelist

차맛

어느 신도님이 국화차 한 통을 보내왔습니다.
야생국화를 잘 말리고 정성껏 손질해서
우선 보기에도 깔끔했습니다.
경로잔치를 마치고 봉사요원들과 함께
국화차를 시음하게 되었습니다.
한 잔씩 돌리고 나서 물어 보았습니다.

"맛이 어떻습니까?"
각양각색의 대답들이 나왔습니다.
"조금 쓴맛이 납니다."
"시큼떨떨합니다."
"깊은 단맛이 배어 있습니다."
엄마 옆에 앉아 한 모금 얻어 마시던
여덟 살짜리 아이가 말했습니다.
"스님, 국화차 맛인데요!"

우학스님

Taste of Tea

A Buddhist faithful sent me some chrysanthemum tea.
The wild chrysanthemum flowers were dried
with the utmost care
and looked beautiful and refined.
After holding a feast for the elders one day,
I sampled the tea with the serrice crew.
After one round of tea, I asked,

"How is the tea?"
The answers were very diverse.
"It's slightly bitter."
"There's a deep sweetness within the tea."

Then there was a boy sitting next to his mother.
After tasting a sip from his mother's cup, he said,
"Venerable monk, this tea tastes like chrysanthemum tea!"

Ven. Uhak

따뜻한 손

K씨는 쓰던 원고를 덮어두고 산책길을 나섰습니다.
공원 앞에 다다랐을 때
한 노인이 구걸하는 손을 내밀고 있었습니다.
K씨는 급하게 주머니를 뒤졌지만
손에는 아무것도 잡히지 않았습니다.
떨고있는 허공의 그 손을 K씨는 달려가 덥석 잡았습니다.
"아아!" 전율하듯 노인도 K씨의 손을 마주 잡았습니다.
"싸늘한 동전 몇 닢 던져준 사람은 많았어도
이렇게 따뜻한 손은 선생님이 처음이십니다."

석양이 가다 말고 돌아봅니다.
금빛으로 그들의 얼굴은 물들어 갔습니다.

맹난자 | 수필가

Warm Hand

Mr. K put down the manuscript he was writing
and went for a walk.
When he arrived at the park,
there was an old man begging with his hand
outstretched.
Mr. K hastily looked through his pockets,
but there was nothing .
Suddenly, Mr. K took hold of the old man's hand
that was trembling in the air
"Aaah!" The old man also grabbed Mr. K's hand with a
shudder, saying,
"There were many who threw a few cold coins my
way,
but you're the first person who offered me a warm
hand."

The setting sun stood still for a moment,
illuminating both faces with golden rays.

Maeng Nan-ja
Writer

가슴을 적시는 샘물

무성한 숲만이 온갖 새들을 다 품을 수 있습니다.
사람도 마찬가지입니다.
굳게 가슴을 닫고 사는 사람들
그들은 남에게 사랑을 줄 수도 받을 수도 없습니다.
따스함이 없는 가슴을 한 번 상상해 보십시오.
마치 끝없는 사막을 걸어가는 것처럼
목마르고 힘겨울 것입니다.

작은 실개천 하나가 넓은 초원을 두루 적시듯
지치고 힘든 나그네에게 한 모금의 샘물은
곧 목숨의 근원이 됩니다.
따스한 마음은 세상의 가슴을 적시는 샘물입니다.

김영희 | 시인

Water to "Moisten" the Heart

Only a lush forest can sustain all kinds of birds.
The same is true of people.
Those with closed hearts
cannot love or be loved.
Imagine a heart without any warmth.
Like walking across a vast desert,
it would be unbearable with no end to the thirst.

Just as a single brook can moisten a vast prairie,
one gulp of water becomes life
to a weary and exhausted traveler.
Kindness is the water
that "moistens" the heart of the world.

Kim Yeong-hee
Poet

아름다운 관계

벌은 꽃의 꿀을 따지만 꽃에게 상처를 남기지 않습니다.
오히려 꽃이 열매를 맺을 수 있도록 꽃을 도와 줍니다.
사람들도 남으로부터 자기가 필요한 것을 취하면서
상처를 남기지 않으면 얼마나 좋을까요
내 것만을 취하기 급급하여 남에게 상처를 낸다면 그 상처가 썩어
결국 내가 취할 근원조차 잃어버리고 맙니다.

사람과 사람 사이에도
꽃과 벌 같은 관계가 이루어진다면
이 세상엔 삶의 향기가 가득하지 않을까요.

장용철 | 시인

A Beautiful Relationship

Bees take nectar from flowers, causing them no harm.
Actually bees help flowers to bear fruit.
How wonderful it would be
if people could also take from others
what they need without causing any harm.
If we harm others in our haste to get what we want,
we may lose that which provides our needs.

If humans could relate like bees and flowers,
wouldn't life's sweet fragrance fill the world?

Jang Yong-cheol
Poet

부드러운 사람

제자가 스승에게 여쭈었습니다.
"어떤 이가 부처입니까?"
스승이 대답했습니다.
"부드러운 사람이 부처지."
제자가 다시 여쭈었다.
"어떤 것이 부드러움입니까?"
스승이 대답했습니다.
"여유롭고 한가하면서도 고요하고 섬세한 것.
서걱거리는 것이 완전하게 제거되어 자연스러움 그 자체인 것.
원만하고 원융한 그것이 부드러움이지."

당신의 부드러운 말 한 마디
여유로운 발걸음
고요한 마음, 따뜻한 미소…
당신은 이미 부처입니다.

오세경 | 극작가

Gentle Person

A student asked the teacher,
"Who is a buddha?"
The teacher answered,
"A gentle person is a buddha."
The student asked again,
"What is being gentle?"
The teacher answered,
"Being relaxed and broadminded
while also subtle and tranquil,
being without coarseness and being naturalness itself.
Being complete and whole.
That is being gentle."

Your soft words
Your easy gait
Your tranquil mind and warm smile
make you a buddha.

Oh Se-gyeong
Broadcast Writer

하루를 살 듯이

일을 시작함에
평생 할 일이라 생각하면
어렵고 지겹게 느껴지는 것도
하루만 하라면 쉽고 재미있습니다.

슬프고 괴로워도
오늘 하루만이라고 생각하면
견딜 수 있습니다.

백 년도 하루의 쌓임이요
천 년도 오늘의 다음날이니
하루를 살 듯
천 년을 살아보면 어떨까요?

법현스님

As We Would Live a Day

If we regard work as a lifetime job,
it would be difficult and burdensome.
However, if we regard work as a single day's job,
it becomes easy and interesting.

Even when we are sad and troubled,
if we think it's only for a day
it is bearable.

Even a hundred years is only an accumulation
of many single days.
Even a thousand years unfolds one day after another
How would it be if we could live a thousand years
as though living a single day?

Ven. Beophyeon

뭣하러

한 고승이 생선가게 앞을 지나면서 말했습니다.
"음… 저 생선 참 맛있겠다."
옆을 따르던 어린 제자가 듣고 절 입구에 이르자
더는 못참겠다는 듯이 입을 열었습니다.
"아까 그런 말씀, 스님이 해도 됩니까?"
그러자 고승은 조용히 꾸짖었습니다.
"이놈아, 뭣하러 그 생선을 여기까지 들고 왔느냐?
난 벌써 그 자리에서 버리고 왔다."

김원각 | 시인

For What Reason

An eminent monk passed by a fish shop and said,
"Mmm! That fish looks delicious."
The young disciple following by his side heard this.
Upon arriving at the temple gate, the disciple blurted out,
"What you said at the fish shop, is that proper for a monk to say?"
At this the monk quietly rebuked him,
"Look! For what reason, have you brought that fish all the way here?
I left it at the fish shop long before."

Kim Won-gak
Poet

실천

당나라 시인 백낙천이 물었습니다.
"어떻게 수행해야 합니까?"
조과 도림 선사가 대답했습니다.
"나쁜 짓 하지 말고 선행을 하여라."
"그런 것 쯤이야 세 살 먹은 아이도 아는 말입니다."
이에 조과 도림 선사가 말했습니다.
"세 살 먹은 아이도 쉽게 알 수 있으나
백 살 먹은 노인도 실천하기는 어렵다."

김원각 | 시인

Doing

The Tang Dynasty poet Bai Juyi asked,
"How do we practice?"
Zen Master Daolin answered,
"Avoid evil and be virtuous."
Bai Juyi said, "Even a three-year-old child knows this."
At this Zen Master Daolin replied,
"Even a three-year-old child may know this well,
but even a hundred-year-old man has difficulty doing it."

Kim Won-gak
Poet

Emptiness

I break open a seed.
There's nothing hidden inside.
Where were the flowers before they came?
Where did they come from?
Where do they disappear to?

Kim Jae-jin
Poet

공

씨앗을 쪼개 본다.
아무것도 그 속에 숨어 있는 게 없다.
어디 있다 왔는가 꽃들은?
어디서 왔다가
어디로 사라지고 있는가?

김재진 | 시인

이밖에 더 무엇을

흐르는 개울물에 두 발을 씻고
다가선 산 빛에 두 눈을 맑힌다
세속의 욕망은 꿈도 꾸지 않으니
이밖에 무엇을 구하겠는가?

진각국사

What More than This

I bathe my two feet in the running stream.
I wash my two eyes in the green of the mountains.
Worldly desires never arise in my mind.
What more is there to seek?

National Teacher Jingak

같지만 같지 않다

등산로 입구에 음식점이 즐비합니다.
주말 저녁 무렵이면 등산객들로 성시를 이룹니다.
그중에는 정상까지 갔다 온 사람도 있고
중간 어디쯤에서 돌아온 사람도 있지만
아무도 그걸 구별할 수는 없습니다.
어디까지 올라갔다 왔던 일단 내려오고 나면
같은 높이에 있습니다.
남들은 알 수 없지만
자신은 얼마나 노력했는지 알고 있을 것입니다.

강호형 | 수필가

Same but not the Same

Numerous eateries line the approach to the mountain
trail where hikers crowd on weekend nights.
Some have hiked to the peak
and others only half way.
No one can tell the difference.
No matter how high one has climbed,
everyone is at the same level after coming down.
Others may not know
but we know how much effort we have made.

Kang Ho-hyeong
Writer

세상살이

어느 때 가장 가까운 것이
어느 땐 가장 먼 것이 되고

어느 때 충만했던 것이
어느 땐 빈 그릇이었다.

어느 때 가장 슬펐던 순간이
어느 땐 가장 행복한 순간으로 오고

어느 때 미워하는 사람이
어느 땐 사랑하는 사람이 되었다.

오늘은
어느 때 무엇으로 내게 올까?

김천성 | 시인

Life

What was closest at one time,
became the farthest.

What was full at one time,
became an empty bowl.

What was the saddest moment at one time,
became the happiest.

The person I hated at one time,
became one I loved.

Today!
What will it become when it comes to me at another time?

Kim Chun-seong
Poet

세상의 모든 풀들이 약초이듯이

부처님의 주치의였던 지바카가 의사 수업을 받을 때의 일입니다.
어느 날 스승이 지바카에게 망태를 던져 주면서 말했습니다.
"약초를 캐오너라. 이것이 마지막 시험이다."
그는 며칠이 지나서야 그것도 빈 망태인 채로 돌아왔습니다.
"약초는 캐오지 않고 어디를 갔다 왔느냐?"
"스승님, 세상에 약초 아닌 것이 없었습니다.
온 천지가 약초뿐인데 어떻게 다 담아올 수 있겠습니까?"
지바카의 말을 듣고 스승은 그를 의사로 인정하였습니다.

세상에 약초 아닌 것이 없듯이
존재하는 모든 것은 존재의 가치가 있는 것입니다.

문윤정 | 수필가

Just as All the Plants in the World Are Medicinal

When Jivaka, the Buddha's main physician,
was first learning medicine,
his teacher gave him a mesh bag and said,
"Dig up healing herbs and bring them to me.
This is your final test."
After a few days, Jivaka returned with an empty bag.
The teacher asked,
"You haven't brought me any healing herbs.
Where have you been all this time?"
Jivaka answered,
"Master! there is no plant in the world that is not healing.
The whole world is covered with them.
How could I bring them all to you?"
Hearing this, the master made Jivaka a physician.

Just as there are no plants in the world
that do not heal something,
all that exists has value.

Mun Yun-jeong
Essayist

그것 또한 지나갈 것이다

왕이 신하들에게 다음과 같은 임무를 주었습니다.
"마음이 슬플 때는 기쁘게 해주고, 마음이 기쁠 때는
그 들뜬 마음을 가라앉혀 주는 물건을 구해 오너라."

신하들은 며칠 밤낮을 토론한 끝에 반지 하나를 왕에게 바쳤습니다.
왕은 반지에 새겨진 글귀을 읽고는 웃음을 터뜨렸습니다.
"그것 또한 지나가리라."

모든 것이 변한다는 것은 받아들이기 힘든 고통이기도 하지만,
반면에 고정되어 있지 않고 변화가 있기에 희망이 있는 것입니다.

이정우 | 군종법사

This Too Shall Pass

The King gave the following task to his subjects.
"Find me the thing that makes you happy when you
are sad and that calms you when you are excited."

After debating day and night for several days,
the subjects offered the king a ring.
The King burst into laughter after reading
the inscription on the ring:
"This too shall pass."

It might be very difficult to accept t
hat everything changes.
On the other hand, it is because everything changes
and is not fixed that we have hope.

Lee Jeong-wu
Military Dharma Instructor

나는 누구인가

물속에 사는 물고기는
물을 알 수 없듯이
눈을 통해 세상을 보지만
정작 자신의 눈은 볼 수 없습니다.
자기를 부리는 것은 자신이지만
우리는 그 주인공을 볼 수는 없습니다.
세상을 다 안다 하더라도 자신이 누구인지
모른다면 아무 소용이 없습니다.

문은정 | 수필가

Who Am I?

Just as a fish living in water
does not know the water,
we see the world through our eyes,
but we cannot see the eyes themselves.

The master of the self is the self,
but we cannot see that self.

Even if we know about the whole world,
if we don't know who our own self is,
it will be of no use.

Mun Yun-jeong
Essayist

모든 것이 변한다는 것을 기억한다면

아무리 아름다운 꽃이라도 언젠가 지고 말며,
아무리 건강한 사람이라도 언젠가는 죽음을 맞이하게 됩니다.
나와 인연 맺어진 사람들 그리고 물건도
그 인연이 다하면 헤어지게 됩니다.
권력과 재물을 탐하는 동안 머지않아
그들과 이별할 수밖에 없다는 사실을,
또 내 삶이 죽음으로 향하고 있음을
우리는 느끼지 못합니다.
모든 것이 변한다는 것을 기억한다면
경쟁에서 이기는 것, 성공하는 것은
우리 삶에서 두 번째로 중요한 문제라는
사실을 깨달을 수 있겠지요.

손기원 | 지혜경영연구소장

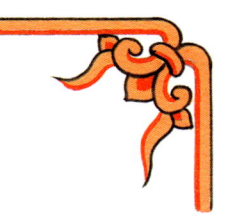

If We Could Remember that Everything Changes

No matter how beautiful a flower is,
it will wither and vanish some day.
No matter how healthy a person is,
he will die sooner or later.
People I know and things I possess will part from me
when the time comes.
When we cling to power and possessions,
we don't understand
that we will have to part with them before long.
Neither do we sense
that our lives are moving toward death.
If we could remember that everything changes,
we would realize
that winning or being successful are secondary in life.

Son Gi-won
Director, Wisdom Management Institute

Discrimination

If you throw paint into the air, does the sky change color?
If you cut water with a sword, does it stay cut?
If our minds are like water and air,
what is there to like or hate?

Anonymous

분별

물감을 허공에 칠한들 허공이 물들 것이며
칼로 물을 끊은들 물이 끊어지랴.
사람의 마음이 물과 허공 같다면
어떤 물건을 대한들 좋고 싫음이 있겠는가?

작가 미상의 선시

자신부터

자신의 내면을 알아차리지 않고
지나치게 남을 의식하고 사는 것은
진실한 삶을 사는 것이 아니다.

자신을 알아차리는 것은
자신에 대한 이로움뿐만 아니라
남을 위해서도 필요한 것이다.

자신의 몸과 마음을 알아차려서
고요함을 얻게 되면 남을 위하고자 하는
진실한 마음이 일어난다.

묘원 | 한국 위빠사나 선원장

Begin with Self

Not to be mindful of one's inner self
but to be overly conscious of others
is not to truly live.

To be mindful of our selves
is not only for our own benefit
but also for the benefit of others.

When one is truly mindful of their mind and body
and attains stillness,
then a sincere wish to benefit others will arise.

Myowon,
Director, Korea Vipassana Meditation Center

허망한 것

나 자신만 챙기고 내 것만 챙기는 것이 우리 마음의 습성입니다.
내 것만 챙기려고 하니까 미움이 생깁니다.
내 것을 빼앗길까봐 걱정을 하고 근심을 합니다.
내가 최고라고 생각을 하고 있으니까
남이 잘난 것을 좋은 마음으로 보지 못하고 괴로워합니다.
나라고 하는 것은 실체가 없는 허망한 것임을 알아야 합니다.

인환스님 | 동국대 명예교수

An Illusion

It is the habit of the human mind
to think of only "I" and "mine."
Because "I" only cares for "mine"
hate arises.
I worry about losing what is mine.
Since I think I am most important,
I cannot joyfully accept the goodness in others and suffer.
We must understand that "I" is an empty illusion.

Ven. Inhwan
Professor Emeritus, Dongguk University

지금이 그때라네

숨이 막힐 정도로 햇볕이 따갑고 더운 여름 날,
용스님이 대나무 작대기를 들고 표고버섯을 말리고 있었다.
허리가 굽은 연로한 용스님이 땀방울을 뚝뚝 흘리면서 버섯을
뒤집고 있는 모습을 본 어떤 스님이 안쓰럽게 여겨서 물었다.
"어째서 젊은 사람을 시키지 않고 그 힘든 일을 손수하십니까?"
"남을 시키는 것은 자신의 소임을 다하는 것이 아니지."
"스님의 말씀이 옳습니다만, 이렇게 꼭 햇볕이 따가운 날 해야 합니까?"
"날이 더운 건 나도 아네. 허나 지금이 아니고서야
언제 표고버섯을 말릴 수 있단 말인가?"

인환스님 | 동국대 명예교수

Now Is the Time

On a hot summer day when the scorching sun was blazing, Ven. Yong laid out shitake mushrooms to dry in the sun.
Watching the old monk bowed with age turning the mushrooms over one by one with a bamboo stick while sweating profusely,
another monk took pity and asked,
"Why don't you have a young person do that instead of doing it yourself?"
Ven. Yong said, "Having others do my work won't fulfill my responsibility."
The monk said,
"Venerable, you are right. But do you have to do it on such a hot day?"
Ven. Yong said, "I know it's a hot day.
But, when should I dry the mushrooms if not now?"

Ven. Inhwan
Professor Emeritus, Dongguk University

자기를 찍는 도끼에 향기를 내뿜다

성난 말에 성난 말로 대꾸하지 말라
말다툼은 언제나 두 번째 성난 말에서 비롯된다.
훌륭한 사람이란 향나무처럼
자기를 찍는 도끼에게 향을 내뿜는 사람이다.

이정우 | 군종법사

Giving Fragrance to the Axe That Strikes

Do not return angry words with angry words.
Arguments always begin with an angry response.
A great being, like the juniper tree,
returns sweet fragrance to the axe that strikes it.

Lee Jeong-wu
Military Dharma Instructor

이보다 더 좋은 행운이

무른 쇠를 달구어 망치로 때리고,
또 불에 달구어 때리기를 거듭하다보면
강한 쇠로 만들어집니다.
우직(愚直)한 사람은
남이 한 번에 할 수 있는 일을 백 번을 거듭해야 합니다.
또 남이 열 번을 거듭하면
우직한 사람은 천 번, 만 번을 거듭해야 합니다.
하지만 이런 끝없는 노력으로
우직한 사람은 자신을 업그레이드 시키면서
원하는 바를 성취할 수 있습니다.
노력보다 더 값지고 좋은 행운은 없을 것 같습니다.

박민호 | 아동문학가

No Better Luck than This

If you heat soft iron and beat it with a hammer
and heat it and hammer it, again and again,
the iron will become stronger.
A task which some can do in one try,
a naive person might try a hundred times.
When others can succeed in ten tries,
a naive person might try a thousand
or even ten thousand times.
However, through such endless effort,
the naive person will prevail
and achieve what he wants.
Effort has much more value than luck it seems.

Park Min-ho
Writer of Children's Books

가지고 싶다 해서

아름답고 예쁜 것을 보면 좋아하게 됩니다.
그것이 무엇이 되었거나 갖고 싶어합니다.

어리석은 사람은 능력에 상관없이
좋은 것이라면 무조건 갖고 싶어합니다.

지혜가 있는 사람은 가져야 할 것과
갖지 말아야 할 것을 알아서 선택합니다.

지혜로운 사람은 좋은 것도 언젠가는 나빠진다는
것을 알기에 좋은 것에 집착하지 않습니다.

묘원 | 한국 위빠사나 선원장

Because We Want to Possess

When we see something beautiful and good, we like it.
Whatever it is, we want to possess it.

A foolish person will always want to possess
what he likes, whether he can afford it or not.

A wise person chooses after deciding
what he needs and what he does not.

A wise person does not become attached to
what he desires
knowing that all things will lose their luster some day.

Myowon, Director
Korea Vipassana Meditation Center

꽃자리

좋은 사람 나쁜 사람 따로 있는 게 아니다.
좋은 마음으로 대하면 좋은 사람.

내 옳다는 그 생각 벗어날 수 있다면
나 먼저 내세우지 않는다면

시방 그대 머문 그 자리
극락정토
꽃자리일세.

이병철 | 시인

Where the Flowers Bloom

People are not either good or bad.
If you act with a good heart, then you're a good person.

If you can be released from self-righteous thoughts,
if you can stop putting yourself first,

then, the place you are at this moment
is the Pure Land of perfect bliss,
and is where the flowers bloom.

Lee Byeong-cheol
Poet

마음의 눈으로 바라보기만 한다면

밤하늘에 혜성들이 벌이는 불꽃놀이만
우주쇼는 아닙니다.
우주 속의 작은 별 지구.
그 지구의 차가운 표피를 뚫고 여린 손을 내미는 새싹
순박한 향기로 피어나는 들꽃
가을바람에 춤추며 떨어지는 낙엽
바람과 구름을 노래하는 새들
흙 한 줌 모래 한 알
그리고 여기 이렇게 살아 숨쉬며 느끼고 생각하는 우리
이 모든 것이 다 우주쇼입니다.
우리가 미망(未忘)의 어둠을 밀쳐내고
욕망의 헛된 꿈에서 깨어나
마음의 푸른 눈으로 가만히 바라보기만 한다면.

박경준 | 동국대 교수

If We Could Only See with the Eyes of the Heart

The fireworks that comets create in the night sky
are not the only performance staged by the universe.
The earth, a small planet within the universe.
A sprout which has broken through the cold crust of
this earth to extend forth its tender hand.
The wildflower giving off a simple scent.
The falling leaf dancing on the autumn wind.
Birds singing about the wind and clouds.
A handful of earth, a single grain of sand.
And we who live here, and think, feel, and breathe.

All of these are performances of the universe
if we could only push aside the darkness of delusion,
awaken from our vain dreams of desires,
and watch in stillness with the clear eyes of the heart.

Park Kyeong-jun
Professor of Dongguk University

유한, 무한

지금은 봄이다.
움츠렸던 겨울의 생명들이 새 기운을 차린다.
날고 기고 뛰면서 봄을 즐긴다.
그 광경을 보고 있으면
나도 그 속의 한 조각 생명이라는 것을 깨닫는다.
한 포기의 풀이 되고,
한 마리의 새가 되어서
그들과 더불어 흔들고, 뛰고, 날고 싶은 충동을 느낀다.
그리하여 나를 잃어 버린, 전체가 되어서
영원한 생명으로 지내고 싶다.

김시현 | 수필가

Finite and Infinite

Spring is here.
The shrunken life forms of winter bring forth fresh energy.
They fly, crawl, and jump to relish spring.
When I look upon this,
I realize I'm also a life form and a part of this scene.
I want to become a blade of grass.
I want to become a bird.
I feel the impulse to shake, run, and fly with them
Then, I want to become a whole being devoid of "me"
and remain as life eternal.

Kim Shi-heon
Essayist

무엇이 된다는 것

종이 그 속을 비운 이유는
멀리까지 소리를 울리기 위함이고
거울이 세상 모습을 평등하게 담을 수 있는 것은
그 겉이 맑기 때문입니다.

강물이 아래로만 흐르는 것은
넓은 바다가 되기 위함이고
바람이 그물에 걸리지 않는 것은
형체가 없기 때문입니다.

혜자스님 | 도선사 주지

The Reason

The reason a bell empties itself
is to reverberate its sound far and wide.

The reason a mirror perfectly reflects the world
is because its surface is clean.

The reason a river flows only downward
is to become the vast ocean.

The reason the wind isn't caught up in the net
is because it has no form.

Ven. Hyeja
Abbot of Doseon-sa Temple

극락이 있습니까

한 고승에게 어떤 남자가 찾아와서 질문을 했습니다.
"저는 불교 공부를 열심히 하고 있습니다만,
극락이 있는지에 대해서는 지금까지 아무리
궁리를 해봐도 해답을 얻지 못했습니다."

고승이 조용히 물었습니다.
"극락이라 했소? 그래 극락에 대해 지금까지
궁리한 결과 당신은 무슨 이익이 있었소?"

남자는 한참 머뭇거리다가 말했습니다.
"그건 생각해 보지 않았습니다."

"그럼 집에 가서 그걸 깊이 생각해 보시게."

김원각 | 시인

Is there a Paradise?

A man went to see a great monk and asked,
"I've been studying Buddhism diligently,
but even after much consideration,
I still don't know if there really is a Pure Land."

The monk asked quietly,
"Did you say Paradise?
What did you benefit from thinking all this time about the Paradise?"
The man thought for a long time and said,
"I haven't thought about that."
The monk said,
"Then, go home and think about that deeply."

Kim Won-gak
Poet

위험합니다

당나라 때 시인인 백낙천(白樂天)이
도림(道林)선사를 찾아갔습니다.
선사는 나무 위에서 참선을 하고 있었습니다.
백낙천이 선사를 보고 말했습니다.
"스님 위험합니다. 어서 내려오세요."
"내가 보기엔 자네가 더 위험하네."
"평평한 땅 위에 있는 제가 왜 더 위험합니까?"
선사가 말했습니다.
"진리를 모르는 이는 평지에 있어도
절벽에 있는 것과 같고,
진리를 아는 이는 항상 평지에 살지."

〈송고승전(宋高僧傳)〉 중에서

Dangerous

The great Tang poet Bai Juyi visited Zen Master Daolin.
The Zen master was sitting on a tree branch meditating.
Bai Juyi said,
"Master, that is dangerous. Please come down."
The master said,
"I think it is you who are in more danger."
Bai Juyi said, "But I'm standing on the ground.
How can I be in more danger?"
The master replied, "One who doesn't know the truth
lives on a precipice even when on level ground.
However, one who knows truth
is always on level ground."

From the *Biographies of Eminent Monks*

작은 솔씨가 푸른 소나무 되네

계란을 자세히 보시게나.
눈, 귀, 코도 없이 둥글둥글하여
아무 지각도 없어 보이는데
따뜻한 곳에 두면 '꼬끼오' 하고 우는
물건이 그 속에서 나온다네.
매 알이 비록 작으나 그 속에서 송골매가 나오고
솔씨가 비록 작으나 낙락장송이 거기에서 나온다네.
알로 있을 때 보면 무정한 물건 같으나
이렇듯 당당하게 박차고 나오는 산 물건이 아니던가.
우리의 마음 법(法)도 이와 다르지 않다네.

용성스님

A Small Pine Seed Becomes a Great Firry Pine

If you examine an egg carefully,
it is rounded with no eyes, ears, or nose.
It doesn't appear to have any perception.
Yet, if you leave it in a warm place,
something will emerge and make a noise.
A falcon's egg may be small
but a falcon will emerge from it.
A pine seed may be tiny
but a great firry pine will emerge from it.
An egg appears to be an inanimate being,
but a life emerges from it in grand fashion.
Our minds are no different.

Ven. Yongseong

선사와 말재간꾼

K씨는 말재간이 능했다.
어떤 경우에도 말재간으로 화를 모면하는 재주에 친구들은 탄복했다.
어느 날 K씨는 친구들과 함께 고승 벽송 선사를 찾아갔다.
설법을 듣고 나오면서 친구들에게 선사를 헐뜯었다.
"고승은 무슨 고승이야, 땡초야 땡초…"

한참 뒤따라 나오던 선사가 듣고 물었다.
"자네한테 내가 잘못한 거라도 있는가?"

K씨가 흠칫 놀란 것도 순간일 뿐, 예의 그 말재간을 구사했다.
"아, 예 저는 벽송이라는 이름에 욕한 것이지
스님에게 한 것은 아닙니다."
이때 선사는 느닷없이 K씨의 뺨을 후려치고는 물었다.
"이건 벽송이 때린 것인가, 스님이 때린 것인가?"
"?"

김원각 | 시인

Zen Master and the Sly Talker

Mr. K was a great talker.
His friends admired the way he could talk his way
out of any problem.
One day, Mr. K and his friends visited the Zen Master
Byeoksong.
After the teaching, Mr. K started to speak ill of the
master.
"Great master? What great master?
He's a complete fake, I tell you!"

Following behind them, the master overheard
Mr. K and said, "Have I done something to offend you?"

Mr. K, momentarily startled,
but quickly displayed his verbal skills.
"Actually, I insulted the name 'Byeoksong', not you
Venerable."
Then, the master abruptly slapped Mr. K hard on the
cheek and asked,
"Now, who slapped you? Byeoksong or the Venerable?"
" ? "

Kim Won-gak
Poet

낙엽

낙엽은 미래에의 동경도 없고
슬픔과 희열에 넘치는 감정도 없다.
그러나 세상을 터득한 철학이 있고
애련을 놓아버린 평화가 있다.
이제 어디에 떨어진다 해도 불만이 없다.
바람이 불어오는 대로 따라가면 된다.
돌담 밑 그늘진 곳도 좋고
양지 볕 따스한 곳도 좋다.
어디인들 쉴 곳이 아니랴?
하늘하늘 춤추듯이 내려오는 낙엽에는
그냥 자연이 있을 뿐이다.

김시현 | 수필가

A Falling Leaf

A falling leaf has no future hopes,
nor does it feel joy or sorrow.
However, it contains the wisdom
that sees the world as it is
and a peace free from pity.
It does not lament where it may fall.
It just goes where the wind blows.
The shade at the foot of a stone wall will be fine
A warm, sunny place will also be good
Isn't any place, a place of rest?
To the falling leaf dancing downward lightly and gently
there's only nature.

Kim Shi-heon
Essayist

당신의 살구기름

여우는 살구기름을 좋아한다. 사람들은 살구기름에 독을 넣어
여우가 잘 다니는 길목에 놓아둔다. 그 사실을 알고 있는
여우는 살구기름이 놓인 길목에 다다르면 빨리 지나친다.
하지만, 그만두고 돌아서기에는 아쉬운 구석이 있다.
여우는 먹지말고 냄새나 맡고 가자며 슬며시 마음을 돌린다.
"에이 입만 대보고 가지 뭐, 그런다고 죽기야 하겠어?"
그렇게 자신과 타협을 하고 혀를 살짝 댔을 뿐인데
살구기름은 목을 타고 저절로 넘어가 버린다.
허겁지겁 살구기름을 먹던 여우는 정신이 번쩍 들었지만,
기름은 이미 반으로 줄어있다.
자포자기 심정이 된 여우은 남은 기름마저 먹어치운 뒤
살구기름이 놓인 길목에서
한 치도 벗어나지 못하고 결국 죽고 만다.

당신의 살구기름은 무엇입니까?

이명선 | 수필가

Your Apricot Oil

Foxes love apricot oil.
People will poison apricot oil and place it at a bend
in the road where foxes often pass.
Knowing this, the foxes quickly pass by the place
where the apricot oil lies.
But, the fox feels a tinge of regret to just leave
the oil and go.
The fox furtively changes his mind
and decides just to smell the oil but not to eat.
"I'll just take a tiny taste. I won't die from that."
In this way, he makes a compromise with himself.
He sticks out his tongue to have a little taste
but the apricot oil easily goes down the throat
into the belly.
While eating the oil in great haste, the fox comes to his
senses, but half the oil is already swallowed.
Now the hopeless fox downs the rest of the oil,
and dies on the spot at the bend in the road
where the apricot oil was placed.

What is your apricot oil?

Lee Myeong-seon
Writer

깨어있음

깨달음은
있는 것이 아니라, 번뇌가 없는 것이다.

깨어 있는 것은
없는 것이 아니라, 보리(菩提)가 있는 것이다.

나를 아는 일은
나라고 하는 것을 모두 버리는 것이다.

세상을 바로 보는 것은
아는 것으로부터 떠나는 것이다.

부처는 열린 중생이요
중생은 닫힌 부처이다.

진옥스님 | 석천사 주지

Mindfulness

Enlightenment
is not the existence of something
but the absence of afflictions.

Mindfulness
is not the absence of something
but the existence of bodhi (awakening).

To know the self
is to throw away all that is the self

To see the world as it is
is to transcend knowing

A buddha is an ordinary being with an open mind,
and an ordinary being is a buddha with a closed mind.

Ven. Jinok
Abbot of Seokcheon-sa Temple

아들에 대한 충고

부처님의 아들이자 제자인 라훌라는
깨달음을 얻기 전에는 심성이 거칠었습니다.
어느 날 부처님이 라훌라를 불렀습니다.
"대야에 물을 떠다가 내 발을 씻겨다오."
부처님은 발 씻은 물을 가리키면서 말씀하였습니다.
"이 물을 마시거나 양치질을 할 수 있겠느냐?"
"발을 씻은 물은 다시 쓸 수 없습니다."
"말을 조심하지 않는 너도 그 물과 같다."
부처님은 대야을 발로 차 버리며 말씀하였습니다.
"너는 저 대야가 깨질까 봐 걱정하느냐?"
"이미 발을 씻은 그릇이요, 값이 싼 물건이라 아깝지는 않습니다."
"너도 그 대야와 같다. 비록 수행자이지만 말과 행동이 바르지 않다면
저 값싼 대야처럼 사람들이 너를 아껴주지 않는다."

이용범 | 소설가

Advice to the Son

Rahula, the son of the Buddha,
had a rough character before attaining enlightenment.
One day the Buddha called Rahula and said,
"Bring me a basin of water and wash my feet."
Afterward, the Buddha pointed at the dirty water and said,
"Is this water fit to drink or to brush one's teeth?"
Rahula said, "Water used to wash the feet cannot be used again."
The Buddha said, "You too are like this water
because you are not careful with your words."
Then, the Buddha kicked over the basin of water and said,
"Were you worried the basin would break?"
Rahula said, "No, I wasn't concerned
because it was a cheap basin and was used to wash feet."
The Buddha said,
"You are like that basin. You may be a practitioner
but if your words and deeds are not upright
then like that cheap basin, people will not care for you."

Lee Yong-beom
Novelist

나 스스로 좋은 벗이 되어야

경전에서는, 땅이나 산과 같은 벗은 좋은 친구이고,
꽃이나 저울 같은 벗은 나쁜 친구라고 합니다.
땅 같고 산 같은 벗이란 대지가 온갖 곡식과 열매를 기르듯,
항상 도움 되는 일을 권장하는 친구이며,
기쁠 때나 슬플 때나 변함 없는 벗을 말합니다.
꽃 같고 저울 같은 벗이란 꽃이 피었다가는 지듯이,
저울이 무거우면 내려가고 가벼우면 올라가듯이,
부귀나 권세가 있을 때에는 가깝게 사귀다가도
가난하고 비천해지면 금방 돌아서는 친구를 말합니다.

우리는 좋은 친구와 사귀어야 하지만, 동시에 나 스스로
좋은 친구가 되어야 한다는 것도 잊지 말아야 할 것입니다.

박경준 | 동국대 교수

Become a Good Friend

In the scriptures, it is said
a good friend is like the earth or a mountain,
and a bad friend is like a flower or a scale.
A friend who is like the earth or a mountain
is a friend who encourages us to do helpful things
just as the earth raises all grains and fruits.
Whether in times of happiness or sadness,
he is unchanging.

A friend who is like a flower or a scale
is a friend who is close to us when we have wealth or
power but quickly turns his back on us
when we are poor and lowly
just as a flower blooms and withers
and just as a scale goes down when weighted
and rises when not.

We must associate with good friends, but at the same
time, we shouldn't forget that
we must also be a good friend to others.

Park Kyeong-jun
Professor of Dongguk University

한 알의 콩, 한 줌의 콩

어느 날 원숭이 한 마리가 밭으로 내려와 콩을 배부르게 먹고는
양 손에 콩을 가득 쥔 채 산으로 돌아가는 길이었습니다.
그런데 실수로 한 알의 콩을 떨어뜨렸습니다.
원숭이는 한 알의 콩을 주우려고 그만 두 손을 펴고 말았습니다.
마침 놀러 나왔던 꿩과 닭들이 떨어진 콩알을 모두 주워 먹어 버렸습니다.
화가 난 원숭이가 이리 저리 뛰며 꿩과 닭들을 쫓아가자,
그들은 도망치면서 어리석은 원숭이를 놀려댔습니다.
한 알의 콩 때문에 한 줌의 콩을 놓쳐버린
원숭이가 되지는 말아야겠습니다.

혜총스님

A Bean, a Handful of Beans

One day, a monkey came down to the fields
and ate his fill of beans.
He took two handfuls of beans and was heading back
to the mountains when accidently, he dropped a bean.
In order to retrieve it, he opened both his hands.
Just then, pheasants and chickens came out to play and
ate all the beans scattered on the ground.
The angry monkey
chased after the pheasants and chickens,
but they ran away while making fun of the monkey.
We shouldn't become like the monkey,
which lost two handfuls of beans for the sake of one.

Ven. Hyechong

아름다운 얼굴

사람들은 누구나 예뻐 보이고 싶어 합니다.
얼굴을 성형하거나 화장을 하는 것도 그런 이유겠지요.
그런데 같은 얼굴이라도 어느 땐 예뻐보이고 어느 땐
미워 보일 때가 있습니다.
보는 이가 마음속에 기쁨이 가득하거나
보여지는 이가 마음속에 아름다움이 충만해 있다면
아무리 못생긴 사람이라도 그렇게 화사해 보일 수가 없습니다.
이것은 아름다움이 마음속에서 우러나오기 때문일 것입니다.

그대는 아름다움을 얼굴의 성형이나 화장에서 찾으시렵니까
아니면 맑고 깨끗한 마음을 만드는 데서 찾으시렵니까?

은산스님 | 정업도량 회주

A Beautiful Face

Everybody wants to look good.
That is why they get plastic surgery
or put on makeup.
However, the same face can look beautiful at one time
and ugly at another.
If the beholder is full of happiness
or if the person being beheld is filled with inner beauty,
then no matter how ugly a person is,
they couldn't appear more beautiful.
This is because beauty radiates from within.
Will you find beauty in makeup or in a face lift,
or in a clear and pure mind?

Ven. Eunsan
Spiritual Director of Jeongeop Doryang

채널을 바꾸듯이

텔레비전을 보다가 보고 싶지 않은 장면이 있으면
리모컨으로 얼른 채널을 바꿀 수 있습니다.
우리 마음에도 아마 수십 개의 채널이 있겠지요.
사소한 일에 화를 내다가도 얼른 리모컨을 눌러 용서의 채널로,
미움이 솟아오를 때도 숨을 고르고 자비의 채널로 바꿀 수 있는
선택권도 자신이 가지고 있습니다.
미움, 분노, 절망, 조급함 이러한 채널을 누르기보다는
존중, 용서, 희망, 기다림이라는 채널에
마음을 고정시킬 수 있다면 좋겠습니다.

문윤정 | 수필가

As If Changing Channels

While watching TV,
if something we don't want to see comes on the screen,
we can quickly change the channel
with the remote control.
Our minds also have dozens of channels.
We have the choice to change the channel.
Even while angry over a trivial matter,
we can choose to take the remote control
and quickly change to the forgiveness channel.
Even when we are overcome with hate,
we can take a deep breath
and change to the compassion channel.
Instead of tuning to the channels of hatred, anger,
despair, and haste, how nice it would be to set
our minds to the channels of respect, forgiveness,
hope, and patience!

Mun Yun-jeong
Essayist

Far-Reaching Fragrance

The fragrance of flowers
can not go against the wind.
However, the fragrance of virtue
goes even against the wind;
it goes far,
far toward the ten directions and to all worlds.

From the *Agama Sutras*

멀리 가는 향기

꽃 향기는
바람을 거스르지 못해도
덕행을 쌓은 사람의 향기는
바람을 거슬러
멀리 멀리 시방 세계 퍼진다.

〈아함경(阿含經)〉 중에서

어리석은 나그네

나그네가 강가에 이르렀습니다.
마침 주인 없는 나룻배가 있어
강을 무사히 건널 수 있었습니다.

그 나룻배가 너무 고마워
나룻배를 등에 지고 여행길에 오른다면
사람들은 그를 어리석다 할 것입니다.

문득 우리를 돌아볼 때,
우리는 버려야 할 것들을
너무 많이 등에 지고 살아가는
나그네가 아닌가 합니다.

강현미 | 시인

The Foolish Traveler

A traveler came upon a river
where he found a raft without an owner,
so he was able to cross safely to the other side.

If he had been so grateful to the raft
that he carried it on his back in his travels,
people would call him a foolish traveler.

When we examine ourselves,
are we not the foolish traveler,
living with so many things on our backs
which we should have left behind?

Kang Hyeon-mi
Poet

모자라는 것은 소리를 내지만

얕은 개울물은 소리내어 흐르고
깊은 강물은 소리 없이 흐른다.
모자라는 것은 소리를 내지만
가득 찬 것은 아주 조용하다.
어리석은 자는 물이 반쯤 찬 항아리 같고
지혜로운 자는 물이 가득 찬 연못과 같다.

〈숫타니파타〉 중에서

That Which Lacks Is Noisy

The shallow brook is noisy
while the deep river flows silently
That which lacks is noisy
while that which is full to the brim is very quiet.
The foolish person is like a half empty pot
while the wise person is like a deep lotus pond.

From the *Sutta Nipata*

가르침

다른 사람을 가르치듯
자기 자신이 행할 수 있다면
그는 진정으로
다른 사람을 가르칠 수 있다.
가장 가르치기 어려운 것은
다른 사람이 아니라
바로 자기 자신이다.

〈법구경〉 중에서

Teaching

If one can act
as one teaches,
he is truly fit
to teach others
The most difficult person to teach
is not others,
but oneself

From the *Dhammapada*

머리에 붙은 불을 끄듯

옛날, 한고조(寒苦鳥)라는 새가 있었습니다.
이 새는 둥지가 없어 밤이면 언제나 추위에 떨며
"날이 새면 꼭 집을 지으리라"고 다짐합니다.
그러나 날이 밝아 따뜻해지면 생각이 곧 바뀌어
"이렇게 따뜻한데 애써 집을 지을 필요가 있겠는가?"
하면서 빈둥빈둥 먹고 놀기만 합니다.
밤이 되면 또 후회하는 것은 물론입니다.

오늘 당장 해야 할 일을 추우면 춥다고, 더우면 덥다고,
아직 이르다고, 너무 늦었다고 갖은 핑계를 대며 다음으로 미루면서
게으름을 피우는 우리와 한고조는 닮은 꼴이 아닐는지요.
'머리에 붙은 불을 끄듯' 몸과 마음이 게으르지 않도록
자신을 다잡아 가야 할 일입니다.

박경준 | 동국대 교수

As We Would Put Out a Fire in Our Hair

In ancient times, there was a bird named "Hangojo".
This bird had no nest so he was very cold at night.
He would think,
"I will for sure make a nest when day breaks."
However, he would change his mind
on warm, sunny days.
"It's so warm.
What's the use of making all that effort to build a nest?"
And he would eat and play the day away.
Of course, he would regret it when night came again.

We make excuses to put off things we should do
right now.
When it's cold, we say it is too cold.
When it's hot, we say it's too hot.
We say it's too early or too late.
Are we not like the Hangojo in our laziness?
Just like putting out a fire in our hair,
we should do all we can
for our bodies and minds not to be lazy.

Park Kyeong-jun
Professor of Dongguk University

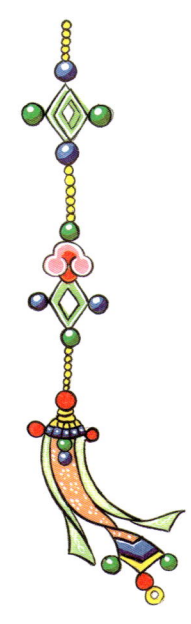

날마다 좋은 날

봄에는 꽃 피고 가을에는 달 밝고
여름에는 바람 불고 겨울에는 눈 내리니
쓸데없는 생각만 마음에 두지 않으면
언제나 한결같이 좋은 시절일세.

무문선사

Every Day Is a Good Day

In the spring, the flowers bloom.
In the fall, the moon is bright.
In the summer, the wind blows.
In the winter, the snow falls.
If we just don't get distracted by pointless thoughts,
then any time is ever the good time.

Zen Master Mumun

만족할 줄 아는 사람

만족할 줄 아는 사람은
땅바닥에 누워 자도 오히려 편안하고
만족을 모르는 사람은
천당에 살아도 역시 마음이 흡족하지 못합니다.
그래서 만족할 줄 모르는 사람은
비록 부자라도 기실 가난한 것입니다.

〈불유교경(佛遺敎經)〉 중에서

The Person Who Knows How to Be Content

The person who knows how to be content
will be happy even when sleeping on the bare ground.
The person who doesn't know how to be content
will not be satisfied even when living in heaven.
Thus, the person who doesn't know how to be content
will actually be poor even though he were rich.

From the *Sutra on the Buddha's Bequeathed Teaching*